De: _____

Para: _____
meu ∞ valentim

Rogos ao Ímpeto

POESIA

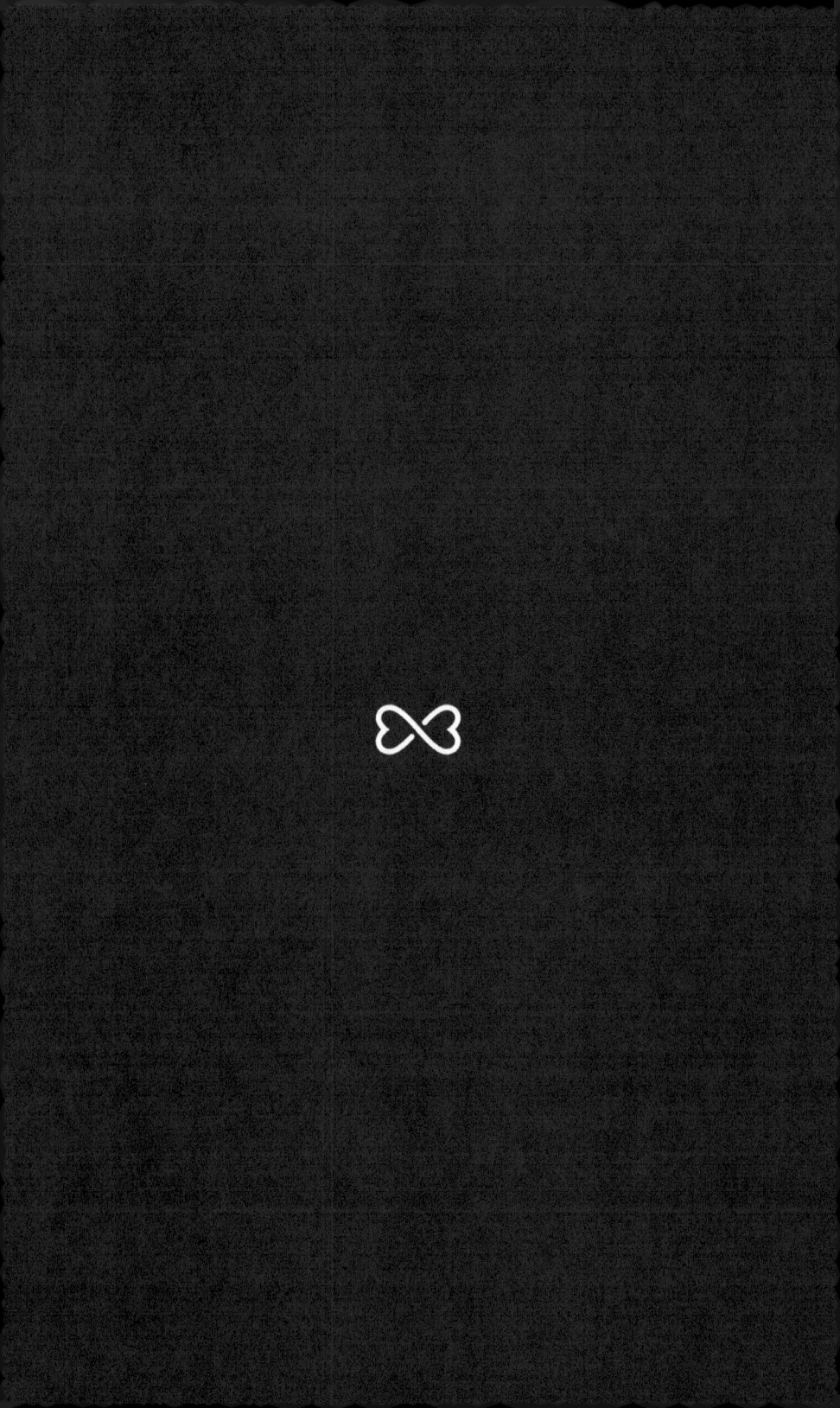

AUTORA
Cláudia Cassoma
www.claudiacassoma.com

TÍTULO
Rogos ao Ímpeto

COLECÇÃO
Meu Valentim
Livro II

COMPOSIÇÃO GRÁFICA
Cláudia Cassoma / Kujikula

EDITORA
KUJIKULA
kujikula@gmail.com

ISBN: 9781732665309

1ª Edição — 1 de Fevereiro de 2019
Todos os Direitos Reservados
© 2019 Cláudia Cassoma & Kujikula

CLÁUDIA CASSOMA

Rogos ao Ímpeto

COLECÇÃO MEU VALENTIM

Em ecos de várias vozes,
rogos ao ímpeto de muito.

Rogos ao Ímpeto

1º

deixe impressões dos teus lábios sobre os meus
leve tuas mãos pela superfície do meu corpo
faça o trabalho de um verdadeiro *deus*
num olhar atraente
num abraço quente
num beijo ardente
sê incandescente
mexa com a libido
provoque alarido
com olhar atraente
com abraço quente
com beijo ardente
dê gozo suasivo
afavore esse corpo
em nosso momento
faça o trabalho de um verdadeiro *deus*
leve tuas mãos pela superfície do meu corpo
deixe impressões dos teus lábios sobre os meus

2º

quando pensares em mim... não pense;
quando chorares por mim... não chore;
quando sonhares comigo... não sonhe;
quando vires o fim... não veja;

se estiveres em metades... não esteja;
se abraçares o vagido... não abrace;
se aduzires pretexto... desista!

quando só te sentires... não sintas;
quando vestires dores... não vista;
quando então desejares... não deseje;
quando por fim parares... não pare;

ao sarares o coração... que não sares;
ao renovares a emoção... que não renove;
ao te sentires feliz... boa sorte!

3º

no arder de antemanhã
ao leste
leva-me à risca
com impiedade

leve
como lençóis da noite
álgido
como cristais de gelo

negra, porém, inteira
pungente, mas sã
minha

de estorvos, solta-me
torna-me isento
toma-me

4º

do porquê do só sorrir
do sonhar sem dormir
da dor que agrada sentir
do querer que faz pressentir

saberás

da clareza das canções
do abraço às ilusões
da beleza nos poemas
do bom nas falas mudas

saberás também

entenderás a aurora
e a beleza do sabiá
te será uma beijoca
como a doçura do araçá

5º

com calos da tua palma
delineie os ponteiros por meu rosto
conduza-os por meu talo
desconheça o ferimento
com teus faróis brilhe os meus
avizinhe os céus
reviva meu cadáver
pressione com o indicador
provoque tão sangrenta dor
querido terror
abstenha meus olhos
cause o sair acuminado das pontas
o arrepio pelas voltas
dança-me a cintura
aspire os bicos
ao mover o escrevedor
deixe o berro ser suor
aborte o pudor

6º

ainda que me tome outro
jamais terá compensado
tuas largas e pesadas mãos
verdes, transparentes véias
o feito delas
ainda outro me tenha por amado
viverei presente o passado
em teu tempo me darei conjugado
teus beijos continuarão dados
meu corpo manchado
ainda que outro me beije
de bom jeito me tome
ainda que tente
lhe será tempo frustrado
foi a muito consumado
teu jeito perpetuado
qualquer outro
é sem pensar dispensado

7º

quem dera encostasses aqui
bem aqui
quem dera olhasses pra mim
só pra mim
banhasses minhas curvas
com arrepios de afogadilho
tremesses meu âmago
talvez rutilasses minhas pupilas
como faz o sol à aurora
quem dera comprometesses
o controle de outrora
te desses como ébrio poeta
e trovasses orações de desvairo
quem dera me deixasses cega
ah, quem dera!
quem dera no meu ouvido
estivesse o zunir dos teus lábios
e quem dera tudo isso
fosse mais que um canto

8º

irei por teu porto
trar-te-ei perto
pararei o tempo
certo

cobiçoso
recolher-me-ei em teu peito
com poema
ou com vida apenas

terás nessa airosa silhueta
marcas de noite lisonjeira
manchas de mãos galhofeiras
anestético

com ir silente
de sentir gritante
por teu prado
desejo morto

9º

fui depósito de teus beijos
sepultura de teus actos
fui teu sustento predileto
fui teu alento

deixei que me visses
com sol e a dormir
deixei que lá estivesses
em tempos de meu despir

fui eu (?)
teu ateneu
lapso de ensaio
quiçá só recreio

tuas mãos em mim
meu níveo em teu cetim
asseverativo sim
logro (?), ah! enfim

10º

deflore esse vazio ardente

desfaça-me desse constante cio

desprazimento permanente

solta-me desse mulherio

feromonas expelidas

desfrise o sentimento insípido

desvenda as vias

exponha tudo

sê gênese

e ao virares êxodo

suscite um apocalipse

encha-me de salmos

berros sem freios

ou teu enleio

prometo

cancele o período seco

vá sedento

deflore esse vazio ardente

desfaça-me dodelírio matante

15º

mesmo que sobrepujes
espere por mim
ainda incluso
mantenha-te ali
deixe os faróis desligados
os braços alongados
ainda que te encontres
deixa-me achar-me também
rogo que não seja só teu
que se vá também meu véu
ainda que se ericem os cabelos
deixa-me chegar também
comigo vem
ainda que já transpirado
esgotado
mantenha-te ao lado
dá-me tal bocado
rogo que não seja só teu
que também o chame meu

16º

diz em baixa voz me amar
mas com alguma certeza
feche os olhos se for ajudar
amacie meu lóbulo com teus lábios
castigue-os com dentaduras de ti

                              quero
                  almejo essa dor em mim
            sabule gostar dos meus cachos
                      tire os ganchos
            faça-os dançar aos teus feitos
          dê minha cintura aos agarros
                    fortes e veiados

diz em tom baixo querer
hoje e eternamente
mas sorria ao cantar
não com os lábios
com grossos e tensos olhos
faz meu coração palpitar
      meu   também faz tremer

17º

como velho vinho
como ardor fino
como novo menino
me apeteces

de jeito enamorado
em arranjo grudado
de modo inteiro
me apeteces

em dores
tal como em amores
com o que trazes
me apeteces

com dita emoção
ouvida canção
entregue coração
me apeteces

18º

te procuro
ao acordar e ao adormecer
no que é
no por ser

a constância do teu sorriso
do teu olhar o brilho
contigo os momentos
tanto os alvos quanto os negros

nada valem os muitos
sem teus poucos
desconheço perfeição
salvo o da tua imperfeição

o olhar que te lanço
as promessas que faço
de ti o que arranco;
no superlativo!

19º

diante de ti

lábios preparados
olhos fechados
braços descansados

diante de ti

joelhos dobrados
ventre encolhido
bojo preparado

diante de ti

mãos em pontos
beiços em diâmetros
prece ao menino

diante de ti

20º

caricie o ventre
antessinta o minguão
sorve pontas
ajeite meu chão
faz como desejar
deixe-as desbotar
desfrute dos espinhos
afoga-me nas ondas do ensejo
banha-me em solução que desconheço
vá por meu corpo ao cúmulo
aromatize-o
vire carnes pros lados
marine-as
do que tenho bem composto
faça uso
consuma, explore, busque
separe acessos
e faça conhecer
o procurado bem-viver

21º

não tenho grandes razões
nem pequenas, já que perguntas
as vezes também não entendo
mas está aqui, sinto
é vulcão de constante erupção
é um bem sem noção
é ardente, e vejo
dói, e sinto
é um ávido desejo
é inteiro
não tenho boas explicações
nem más, já que perguntas
as vezes tento
fracasso
aqui camões errou
não criou palavras
não as deixou
e para a nossa desgraça
ninguém ainda cantou

22º

deixa-me ser ousada só dessa vez
deixa-me arrumar o que se desfez
tenho amor e ousadia
pra transmitir alegria
deixa fazer isso
mas que seja do meu jeito
com verdades do meu peito
deixa viajar-te em mim
mostrar-te um infinito fim
deixa ser assim
simples e verdadeiro
parte do muito por ser nosso
talvez não tenha truques
música e outros toques
mas tenho a mim
e assim mesmo
deixa provar meu clamor
te causar aquele ardor
deixa-me só ser ousada
clarim dessa madrugada

23º

(?)

como pode uma boca ser tão doce
      um beijo tão forte
      um abraço tão permanente
como pode um instante ser tão verdadeiro
tal momento tão inteiro

(?)

como pode um corpo ser tão quente
      um calor tão aderente
      um amasso tão envolvente
como pode um desejo ser tão delirante
tal sede tão sufocante

(?)

como pode um sentir ser tão bastante
      um berro tão afirmante
      um suspiro tão relevante
como pode um olhar ser tão cativante
tal mira tão acirrante

24º

pousa-me em teu ombro
oscile o meu corpo
dance teu rosto no meu
perca o véu

corra as mãos pelo meu inteiro
                    de jeito lento

tenha-me em teus assentos
revele os fundos
baralhe as seivas
dilua as gotas

tenha a língua estampada
                fá-la marcada

encontre lugares
desperte prazeres
cause aturdimentos
marque momentos

25º

vou cega
vou tonta
reconheço o desengano
desprezo o desespero
vou nua
vou crua

dou-me completa
dou-me certa
reconheço o perigo
desprezo o risco
dou-me prematura
dou-me segura

vejo morte
vejo fonte
reconheço o estiolamento
desprezo o detrimento
vou ao fim
vou assim

26º

num lugar nada distante
não em vertical estante
em panos brancos
nulos tempos

vende-se candura

de poucos desejos
de loucos ensejos
não de grandes esperas
num lugar de muitas teias

vende-se candura

num lugar nada revelador
não em experiente dor
de rasas expectativas
sem o que impeça

vende-se candura

27º

queria ter certeza
do engano que carrega a alma
da não falência da calma
queria ter certeza
da nunca ida fraqueza
do manter da zaragata
gostaria de dizer ser nada
nada pra preocupar
ó, como queria!
libertar minha alegria
enfrentar tão dolorosa demasia
gostaria de não amar
de tal me certificar
queria sim
queria ter certeza
livrar-me de tal pranto
se precisar, antecipar falência
queria ter certeza
tê-la em minhas acções
desfazer-me das comichções

28º

sou alta, sou bela
ama-me
corpo de princesa
cabelo que lima a mão

não vacile
leva-me a passear
quando olhares
me darei a brilhar

sou boa, sou bela
ama-me
lira perfeita
deleitante

não demore
leva-me a berrar
ao segurares
ver-me-ás a dançar

ama-me só

29º

como fazem as chuvas às dálias
como o sol às madrugadas
quero a dor das larvas
quero ser outro
me transformar
de inverno
a correntes de abril
e ir
como a borboleta
como faz o outono à flora
como a lua faz ao céu
quando se vai
quero desinibir
me desvestir
sentir
como faz o arco-íris
quero ir
num ponto
se final ou não
quero isso

30º

repouse
na paz do teu coração
descanse
esse poço de paixão
resguarde
tão apetecida emoção

esse amor transforma-dor
repelente de rancor
ponha-te em beco acolhe-dor

refolgue
na paz do teu centro
cochile
nesse amor bendito
demore
na brasa do ninho

esse amor arrebata-dor
revelado benfeitor
primícia do senhor

31º

de coração livre e entregue
de mente sem conflito aparente
simples, sem pele
assunto da gente
sem que sejas versado
tu de muitos passados
assim só
sem porquês
nós do nosso futuro
amor de sorriso apenas
sem regras
sem pressas
de teor nosso
conversos ao próprio pecado
em prazenteiro inferno
sem porquês
diferente de outros vocês
simples, sem pele
assunto da gente
amor que é a própria causa
de amar por isso e por nada

32º

lembro-me de ter berrado
                    berrado alto
lembro-me de me ter levado
                    levado rápido

correram nos olhos ardências
verteram potências

lembro-me de ter mordido
                    mordido certo
lembro-me de me ter cansado
                    cansado imenso

levei pela epiderme os calores
foram os ardores

lembro-me de ter soluçado
                    soluçado muito
lembro-me de me ter alargado
                    alargado bravo

senti o que ainda não sei explicar
foi como sonhar

33º

quem me beija (?)
vento manso me roça
de onde vem (?)

quem me pega (?)
corpo espesso me abraça
quem o tem (?)

quem me encara (?)
olhar recto me enlaça
me quer bem (?)

quem me toma (?)
olor acirrante me banha
será que convém(?)

quem me frequenta (?)
cano denso me cala
em qual aquém (?)

quem me beija (?)

vento manso me roça
de onde vem (?)

34º

fala-me outra vez
crendo dessa vez
do jeito que sabeis
minta-me outra vez

conta-me outra vez
sem pestanejar dessa vez
da forma que quereis
engana-me outra vez

profira com voz mansa
sem gaguejar dessa vez
em modo brando
iluda-me mais uma vez

conta-me outra mentira
sem jurar ser verdadeira
em tom certeiro
logra-me mais uma vez

palavras meladas

veras desnudas
falas curtas
novelas veras

35º

desfaça-te em meus braços
amor meu
envolva-te nesses abraços
desfrute este corpo que é teu

guie tuas mãos por minhas terras
descubra profundezas
sacie a tua sede de amar
dá-te em mim a navegar

me alise com tuas massas
use a espátula
deixa-me macia
pratique a teoria

leva-me pra lá de mim
mostre-me um fim
a unicidade de ti
convença-me dela

deixe marcas

tire forças

faça mais querer

ninguém mais ver

36º

olhos em olhos investidos
mira de arrebatar
no brilho dos seus centros
beijos ainda por dar
    desejos cálidos
no purpurar das bochechas
resultado desse olhar
ardências em fundos do meu ser
inevitável alucinar
    desejos cálidos
lábios sorridos
lábios rasgados
lábios rosados
lábios prontos
    desejos cálidos
corpo retesado
pele em arrepios
brando chegar
soluços como aos tiros
    desejos cálidos
figuras em levado repousar

berros de atroar
em soluços de orgástico amar
fim melhor que idealizar
    desejos cálidos

37º

entrelaçado no teu olhar
vou com o meu pelo teu balançar
deixo-me confundir pelo oscilar da tua lira
vou cego por essa magia
espero o chegar dos teus lábios
o choque com os meus
o casar dos nossos lados
egresso dos teus véus
pela lenta morte dos teus olhos
levo os meus
deixo-te arrumar minhas rugas
assisto tuas palmas por minhas ruas
fico na calma acirrante
vou por noite sedante
reconheço a iniquidade
a chaga prevalente
avisto vil injustiça
evito sublevação
fico em interina emoção
nas veras falsidades das tuas palavras
vou por ares contaminados

agravo os meus soluços

creio em tuas promessas

levo-as como mais queridas crenças

38º

voz espessa
reduzida
baralhada
plena alvorada

no chão
com pressão
desanuviar dos lábios
confluência com outros
                os teus

almejo-o espesso
que alargue o poço
no bravio dos teus actos
afrouxamento dos meus

abraço agudo
em meu corpo
tornando-me franzina
noite transpirada

suor como adorno

teu corpo meu sojorno

desfastio

obséquio

benevolência prazerosa

39º

imergirei no mais profundo desejo de ti
afogar-te-ei no beijo mais moroso
dar-me-ei como louco
sentirás, bem em ti
meu te ter em ímpeto
sentimento seleto

desvendarei as presas fantasias
causar-te-ei tais alegrias
levar-me-ei por tuas vias
seremos cantada poesia
vivida magia
prazer em demasia

ampliarei teus berros
conduzir-te-ei a altos devaneios
baptizar-me-ei culpado
pelos lados atiçados
rombos descerrados
alto regozijo

atingirei jamais idos graus
sem qualquer ritual
dar-me-ei orgástico
estaremos enlevados
em couros suados
nos níveis mais altos

40º

rompa os velhos trapos
dos meus dias de cansaço
com dentes, desfaça os laços
tenha-me desnuda em teu abraço
quente em teus amassos
por completo!

me enlouqueça de jeito mudo
com as delongas do teu olhar
sem falsos dizeres, faz tudo
amor não precisas plagiar
por completo!

encontre as rugas do tempo árido
leva-me aos teus ares
usa-me como instrumento predilecto
que se desfaçam as inquietudes
por completo!

rompa os trapos dos meus dias
me enlouqueça sem juras

queima-me com teus amassos

sem amor a plagiar

desfaça-te de inquietudes

por completo!

41º

no dourado de dia qualquer
antes da noite acontecer
depois do sol perecer
no arrepiar de inverno
me entrego

ao cantarem-nos os ventos
fortes ou lentos
ao ir o agora a outros tempos
beijo e derivados

entre olhares e mais
jamais será demais
pra depois nunca mais

antes mesmo da aurora
depois dos raios de agora
irei-me embora

que não me encontre o presente
o tempo a caminho

que esteja já distante
aquando do raio vindo

tchau
louco lacrau
vou com essa alegria
antes que comece o dia

42º

tortura de pensar
se perder em memórias
terno plangor
boa dor

doçura de desvairar
se jogar no antigo
brando pesar
tenso tarar

fosse o tempo nosso
passássemos do desejo
tocássemos o beijo
oh! que aperto

nós num dentro
ou fora, querendo deus
em hirto a sós
em céus como nós

suplício prazeroso

de dores acirrantes
de belos instantes
de veras

deleitosa aflição
querida ilusão
asno coração
introjeção

43º

grãos espessos e frios
traga-os aos montes
com cursos caudalosos
joga-me às correntes
sobejo nos olhos
      nos cantos

gemas no azeite
entouço presente
com os caldos alvacentes
faça-os molhados
sobejo nos cantos
      nos beijos

grãos emprenhadores
com mãos preparadas
traga-os às frentes
ponha-os nas lentes
sobejo nos beijos
      nos brincos

com ponteiros deitados
sacuda-os
percorra teu percurso
vá fundo
sobejo nos brincos
      nos furos

pelo terreno facial
manancial
feixe de sementes
nas frentes
sobejo nos furos
      em tudo

44º

no deslocar dos lábios
nos iremos dispersar
desviaremos pedidos
ninguém mais irá olhar

reconheço a minha ânsia
desfar-me-ei de tal carência
e ao te veres a viajar
melhor desengatar

nos iremos entregar
mas só ao começar
sem mãos a passar
ou coisas a desejar

levantar-te-ás e irás
sem evidente adeus
ou sinais de que voltarás
sem sonhos meus ou teus

momento ímpar

o que suplicamos

mas sem bisar

nem ao elevarmos

faremos o beijo

da noite complemento

felizes iremos

sem mais diretrizes

será só pitada

do que nunca se deu

assim não serei réu

do que quase se concebeu

45º

suspiro um beijoqueiro
que me agarre
atenta ou a sonhar
me dê seu mastigar

careço esse alguém
que não me sabe bem
que coisa alguma fale
que apenas me toque

que me leve a sentir
o que há muito foi mentira
anseio ser tido
ainda que nada querida

que tal beijo
nada planeado
o mesmo
deixe o corpo emagrentado

avermelhe a boca

segure pela cintura
olhe
e conjugue esse beijo

deixe querer d'algo mais
faça ver coisas
leve por zonas
esqueça as horas

no juntar das bocas
no tocar das línguas
que o correr do coração
seja a satisfação

46º

tô com energia ida
com alegria comprometida
com a vontade no ápice
tudo arde
tenho vazio aqui
na carola
bem aqui
na alma
quase queima
trago corpo mole
sem o que console
é como parece
ainda estou assim
indigente
corado de sangue
de anseios
tô com olhos indecisos
divididos
lágrima - sorriso
timidez - ousadia
estou assim

irresoluto

cheio de vontade de ser

              de te ter

temo abrir a boca

com medo de perder pros ventos

os últimos beijos

temo desfazer-me dos meus braços

quem sabe também perco os teus abraços

tô assim

abismado

recluso num passado quase perfeito

com memórias incursas

tô assim

carecente

47º

antes desejo que me tenhas
como tua, como única, como certa
que nesse universo de beijos
não haja outro
só esse
produto dos nossos
mas se assim não for
ao beijares
que beijes só a mim
que não lembres
que não penses
desejo intensamente que me ames
e, que ao amares
não mais ames a ninguém
para que eu te ame também
desejo que teu sorriso tenha nome
e que esse seja o meu
que ao olhares pra mim
qualquer dor encontre fim
que os vendavais da paixão
soprem em nossa direcção

que sejam os únicos cardeais
não mais
eu e tu
só assim
desejo que teu coração tenha seu próprio
e que esse seja o meu
que vibrem ao som do que sentem
e nada mais

48º

como os eriçados anseiam o inverno
com a mesma força que buscam por aí
qualquer sinal de tempo tingido
assim
como fazem os passarinhos
ao primeiro sinal de dia pluvial
seu sair de fininho
e a ânsia pelo normal
assim te quero
como os berros do mar aos vendavais
ouve-me amor
sou eu a chamar
como virgens buscam por liberdade
como no verão o sol se adianta
e fica, como se fosse dia único
vês essa ansiedade?
é meu coração quem trova
do mesmo jeito
que espera a canção por sua melodia
meu corpo te quer como alegria
meus olhos são prova dessa harmonia

os cílios estão na bateria
batem e levantam
e vão por linhas de nosso a sós
momentos de só nós dois
como busca por seu pomo
o menino esfaimado
anseio teu colo
te quero
como chora o leitor pelo livro terminado
e procura
nos restos da contracapa
com olhos de quase morrer
qualquer outro dizer
amor, te anseio
assim te quero

49º

podes te aproximar

mas aviso-te já

não é de amor que quero falar

não é de dor que quero falar

podes chegar

mas vem despido

despido dessas ilusões

desses corações

rosas, roxos, ou rubros

deixe-os

vem assim

vestido de nada

trazendo só pele

sem pensar no que procede

vem

traga a vida desse corpo

mas vem assim mesmo

desprovido de ornamentos

desfeito de desejos

salvo o impetuoso

traga teus males

dobrados em raiva
e os desdobre em mim
faça-me culpada
faça-me gritar
vem
deixo-te chegar
desde que entendas
que só assim
um breve festim
aqui mesmo
nas paredes da sala
no balcão da cozinha
nos degraus da escada
vem
se entendes
vem
deixa-te ser travesso
podes te aproximar
mas aviso-te já
não é de amor que quero falar
não é de dor que quero falar
aliás, não quero falar

50º

chega-te aqui,
traz esse corpo alto, curvo e firme
essas pernas longas, polposas e vistosas
chegue confiante
traga avidez também
o avesso dessa timidez
traz a perfeição da tua nudez
e fique até outra vez
num amém no plural
descomunal
chega-te aqui
divino elixir
outra história pr'esse existir
cura-me dos desejos de ti
entrega-te como lenitivo magistral
fortuna corporal
traz esses olhos rasgados, libertinos e puros
chegue ardente
em brasas de desejos nefastos
com cinzas de medos ultrapassados
que esqueçamos as fraquezas do coração

que orgasmo seja única canção
que entremos sem escrúpulo
traga surpresas há muito dormidas
acorde a fera
chega-te aqui
chegue como dor
por cada sensação penosa, sorria
vê nos meus gritos casta alegria
deixe feridas por sarar
vem perverso
de modo teimoso
com intenso ascender
de doce morrer
traga loucuras há muito latentes
desejos quentes
se amor é fogo que gela a alma,
seja o contrário
cause febre
cubra-me por inteiro
completamente
nem pele deixada como veste
esbraseia-me

chega-te aqui

chega-te mesmo

chegue só

sem reservas

sem promessas

sem planos

sem futuros

chegue apenas

vá à fundo dessa chegada

pra que cada segundo valha a pena

A AUTORA

Cláudia vê-se na complexidade de artista, e por tal se abstém de se definir no singular. É de nacionalidade angolana; nasceu em Luanda em 1993. É académica de Pedagogia com ênfase em Educação Especial e vive mergulhada na arte de escrever desde tenra idade. Hoje, vai vogando com braços fortes por mares revoltos, porém, compensadores, marcando presença no mercado artístico nacional e internacional. Tendo já explorado uma variedade de géneros, Cláudia Cassoma estreou-se no mundo literário em 2013 com o poemário *Amores que nunca vivi*, sob chancela da editora norte-americana "Trafford Publishing". Quatro anos depois, presenteou-nos com "Pretérito Perfeito", um verdadeiro elucidário, como descreve Luefe Khayari (2017). As suas obras estão registadas na biblioteca do congresso norte-americano.

No seu repertório literário, além das publicações supracitadas, Cláudia tem outras publicadas em periódicos internacionais, como: The Red Jacket (E.U.A., 2014), The Sligo Jornal (E.U.A., 2015), Best New African Poets (Camarões, 2015-16), Antologia de Textos Premiados da AVL (Brasil, 2016), The Wagon Magazine (Índia, 2017), Teixeira de Pascoaes Vol.III Pensamento e Missão (Portugal, 2017), Concurso Literário de Itaporanga (Brasil, 2017) e The Best Emerging Poets Series (E.U.A, 2018). Ela revela-se um íman de prémios e condecorações, atraindo prémios literários como o Maria José Maldonado de Literatura (Brasil, 2016), o de participação no Concurso Artístico Teixeira de Pascoaes (Portugal, 2017), e o de participação no 6º Concurso Literário de Itaporanga (Brasil, 2017). Por conta do seu trabalho na área de liderança, Cláudia foi nomeada para o prémio "Líder Emergente" como testemunho da admiração de colegas e professores pelo seu trabalho na área. Isso, ao mesmo tempo que recebia a sua terceira medalha e o quarto certificado pela sua aplicação no trabalho social.

A mulher e pessoa em Cláudia Cassoma também desagua seus interesses, de forma incansável, nos serviços sociais, rendendo-lhe um número de certificados e medalhas incluindo o Certificado de Cidadão Diplomata outorgado pela Universidade do Distrito de Columbia em Washington D.C. o que a inspirou a aderir, de uma forma mais enredada, ao terceiro sector com a criação da SmallPrints, uma organização que fundou com a intenção de participar activamente na formação de uma sociedade justa e responsável pelo êxito da criança. Fazendo jus às suas certificações em liderança usou o seu gosto por lenços para criar e liderar eventos baseados nos princípios de empoderamento feminino estabelecidos pela Organização das Nações Unidas.

Embora a literatura esteja na essência da sua identidade artística, o talento e o potencial de Cláudia

Cassoma distribuem-se na grande paixão por crianças, no serviço social, no activismo e noutras expressões artísticas. A menina que desde muito cedo experimentou e praticou a arte de escrever, hoje mulher, no seu longo, brilhante e desafiante caminho e com o seu elegante sorriso, nos diz que nem toda a guerra nos compele a levantar armas de fogo e a engolir berros, às vezes, basta o alvo papel com o contrário que se almeja (2016).

Auspiciosa, Cláudia segue caminhos que vão desde a arte da representação gráfica da linguagem aos que aproximam o mundo à sua metamorfose.

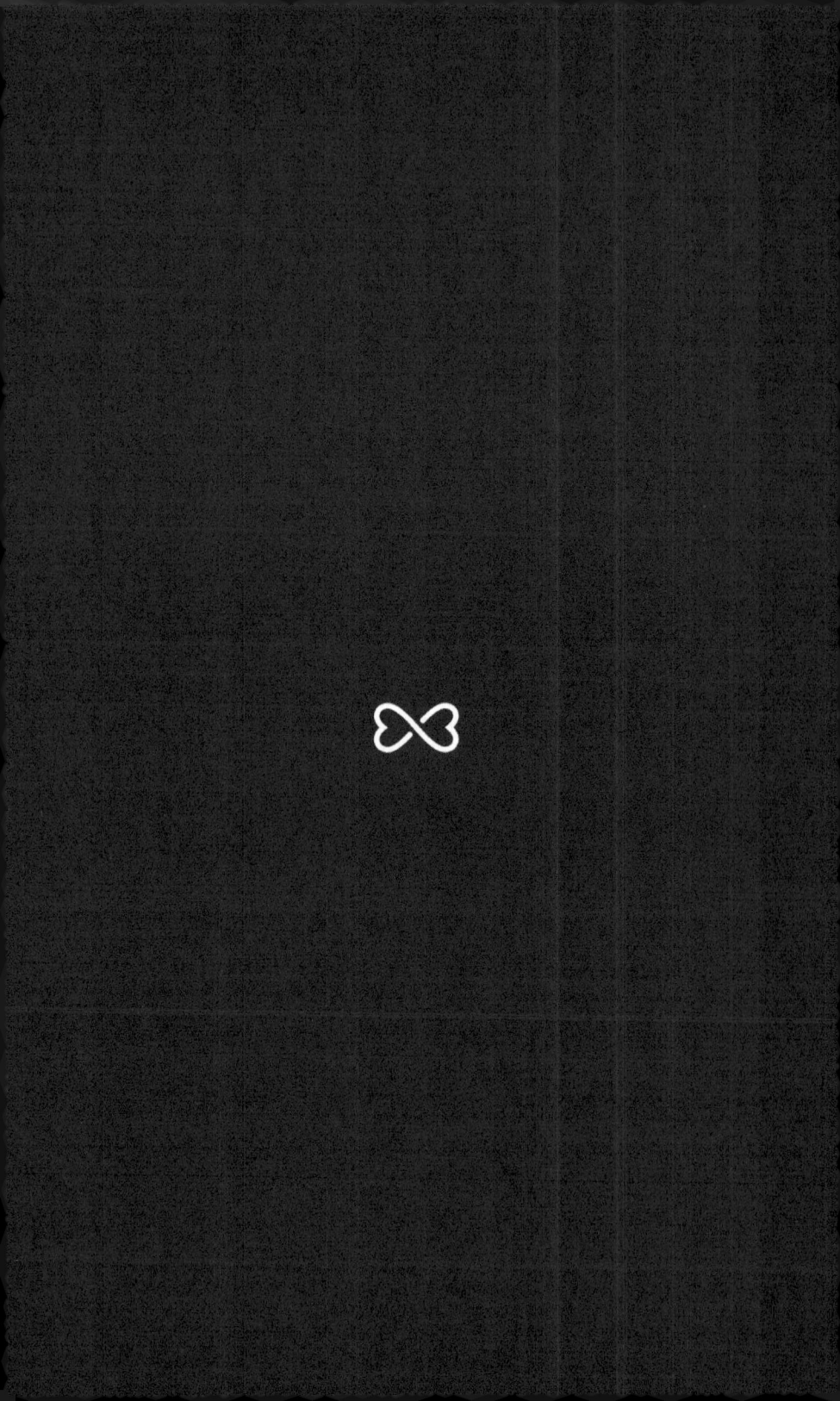

REPERTÓRIO
LITERÁRIO

RESPONSABILIDADE SOCIAL

#FaçaOBemLendoMais
#FBLM

O objectivo do projecto **FAÇA O BEM LENDO MAIS** é incentivar a leitura promovendo práticas de interesse social e comunitário. Como parte desse processo, uma percentagem do rendimento dos meus livros publicados é doada a causas sociais que beneficiam a comunidade.

Este Livro

Proporção: *28%*
Recipiente: Projecto Meu 'Eterno' Valentim
+Info: www.claudiacassoma.com/responsabilidadesocial

OS

∞

ROGOS

1º [endeusamento] _____15
2º [boa sorte!] _____16
3º [toma-me!] _____17
4º [ao chegar o amor] _____18
5º [modéstia à parte] _____19
6º [manchas] _____20
7º [quimera toada] _____21
8º [persuasão] _____22
9º [obsecro recomeço] _____23
10º [defloração ávida] _____24
11º [não à falsas juras] _____25
12º [profundas arduras] _____26

13º [despertamento emotivo] _____ 27
14º [enquanto] _____ 28
15º [gozo recíproco] _____ 29
16º [caus(e)dor] _____ 30
17º [vontade] _____ 31
18º [no superlativo] _____ 32
19º [prece ao menino] _____ 33
20º [doutrina orgástica] _____ 34
21º [inexplicável] _____ 35
22º [estrogénio à flor da pele] _____ 36
23º [certificado de satisfação] _____ 37
24º [vertigem passageira] _____ 38

25º [cegueira electiva] _____ 39
26º [candura à venda] _____ 40
27º [daria tudo pra não te amar] _____ 41
28º [ama-me] _____ 42
29º [só isso] _____ 43
30º [bendito amor] _____ 44
31º [sem porquês] _____ 45
32º [quimera] _____ 46
33º [quem?] _____ 48
34º [verdadeira mentira] _____ 50
35º [apetite distendido] _____ 52
36º [desejos cálidos] _____ 54
37º [vil injustiça] _____ 56

38º [benevolência prazerosa] _____58
39º [juramento] _____60
40º [preponderância anelada] _____62
41º [louco lacrau] _____64
42º [deleitosa aflição] _____66
43º [sobejos] _____68
44º [só uma pitada] _____70
45º [anseio um anónimo] _____72
46º [indigente] _____74
47º [desejo] _____76
48º [quero-te assim] _____78
49º [não ~~é de amor~~ que quero falar] _____80
50º [deriva] _____82

www.claudiacassoma.com

www.ingramcontent.com/pod-product-compliance
Lightning Source LLC
Chambersburg PA
CBHW070526030426
42337CB00016B/2121